AF370871

IDYLLE

HEROÏQUE,

DONT UNE PARTIE SERA DE'CLAME'E,

ET L'AUTRE CHANTE'E

Par les Ecoliers du Collége de Dijon, le 13. de Juin 1742.

DEVANT SON EXCELLENCE

MONSEIGNEUR

PAUL-HYPPOLITE DE BEAUVILLIERS,

DUC DE SAINT AIGNAN, PAIR DE FRANCE,
Chevalier des Ordres du Roi, Lieutenant Général de ses Armées,
Gouverneur & Lieutenant Général pour Sa Majesté des Pro-
vinces de Bourgogne, Bresse, Bugey, Valromey & Gex, des
Ville & Château de Dijon, de Saint Jean de Lône & de Seurre,
des Ville & Château du Havre de Grace & Pays en dépendans,
des Ville & Château de Loches, & Beaulieu, Grand Bailli d'Epée
du Pays de Caux, ci-devant Ambassadeur Extraordinaire & Pleni-
potentiaire de Sa Majesté en Espagne, & depuis auprès du S. Siége,
Premier Gentilhomme de la Chambre de feu Monseigneur le Duc
de Berry, & Conseiller au Conseil de Régence.

A DIJON;
Chez ARNAULD JEAN-BAPTISTE AUGE', seul Imprimeur du Roi,
de Monseigneur l'Evêque, & du Collége.

M. DCCXLII.

ACTEURS.

APOLLON,	BENIGNE DE LA FOLIE.
MARS,	PIERRE DELANDRE.
MINERVE,	CL. FR. BEN. BRETON.
LA BOURGOGNE,	FRANÇOIS PANSIOT.
LYCIDAS,	NICOLAS GOUGET.
DAPHNIS,	JOSEPH MARLOT.
THYRSIS,	JEAN FRANÇOIS CL. DE CYPIERRE.
ALCIDOR,	LEONARD VIV. MATH. RAPH. DE VILLEDIEU.

DIRA LE PROLOGUE

FRANÇOIS - XAVIER PRINSTET.

DIRONT L'EPILOGUE

BARTHELEMI CORTOIS ,

FRANÇOIS TURLOT.

PROLOGUE.

Combien, ô Beauvilliers, de plaisirs, & d'allarmes,

Nous a causé la Déesse aux cent voix !

Que ses discours avoient pour nous de charmes,

Quand Elle célébroit tes Vertus, tes exploits,

Ton Esprit, Ton grand Cœur , & tes nobles emplois !

Son zéle, tous les jours, varioit la loüange.

Notre plaisir croissoit à tous ses nouveaux traits.

Des plus beaux dons du Ciel le plus rare mélange

Offroit dans Toi matiére aux plus brillants portraits.

Sang illustre, grand Nom, & plus grand par Toi-même :

Solide Piété, qu'on admire & qu'on aime :

Constant ami du Vrai, des Vertus Partisan,

Politique Chrétien, sincére Courtisan ;

Nestor dans les Conseils, dans les Combats Achille ;

Mécêne généreux en faveur des beaux Arts ;

Sur le Pinde Horace & Virgile :

Comme le premier des Cesars,

Capable également & d'écrire & de faire,

De quoi surprendre & charmer l'Univers.

Enfin des qualitez de cent Héros divers

      Elle formoit Ton caractére.

   Sur Ton éloge elle ne peut se taire.

D'entendre ses discours le renaissant plaisir

Nous donna de Te voir le plus ardent desir.

Quelle surprise donc ! ô Ciel ! & quelle peine,

Quand cette Déïté nous parut incertaine

    Si Tu voudrois te prêter à nos vœux !

Charmez des doux effets de Ta Magnificence,

     Mais livrez à l'impatience,

Nos cœurs, malgré Tes soins, ne pouvoient être hûreux.

    Un seul moment de Ta présence

Fait plus, pour leur bonheur, que Tes plus grands bienfaits.

   Les Ris enfin, les Jeux & l'Allégresse

    Te font par tout voir des cœurs satisfaits.

Ce spectacle est bien doux à Ta noble tendresse.

On est hûreux de voir les hûreux qu'on a faits.

IDYLLE
HEROÏQUE.

SCENE PREMIERE.

L Y C I D A S.   D A P H N I S.

L Y C I D A S.

QUELLE joye, ô Daphnis, regne dans nos Bocages !
La nouvelle Saison fait éclorre à mes yeux
Moins de fleurs & moins de feuillages,
Que nos Bergers, épris des plus beaux feux,
Ne font naître à l'envi de Plaisirs & de Jeux.

Danse légere, innocens badinages,

Doux transports, vive ardeur, combats ingénieux ;

Quels plus éclatans témoignages

Du sort fortuné de ces lieux !

Dans leurs concerts harmonieux,

Le nom de BEAUVILLIERS, objet de leurs hommages,

Sur l'aîle des Zéphirs volages,

Va charmer les Echos, & réjoüir les Cieux.

Ah ! si ma voix répondoit à mes vœux,

Si mon zéle pouvoit, dans d'immortels ouvrages,

Consacrer ses vertus & ses faits glorieux....

Mais un Berger peut-il prendre le ton des Dieux ?

Peut-il emboucher la Trompette ?

Il faut à nos talens mesurer nos souhaits.

Du moins, sur la tendre Musette,

Chantons notre bonheur, c'est chanter ses bienfaits.

DAPHNIS.

J'y consens, Lycidas. Que le Dieu du Permesse,

Toujours par ses faveurs propice à tes penchans,

Que le doux sentiment & la délicatesse

Rendent tes accords plus touchans !

Commence, & tour à tour mes airs suivront tes chants.

3

Mais tu ne verras pas la riante Allégreſſe

Regner dans mes foibles accens,

Comme elle regne dans nos Champs.

Il eſt vrai ; mille biens enſemble

Y préviennent nos vœux, & paſſent nos beſoins.

Mais le Héros, qui par ſes ſoins

A notre gré les y raſſemble,

En même tems, à notre empreſſement

En ôte un, dont la joüiſſance,

Mettant le comble au reſte , en feroit l'agrément :

C'eſt le charme de ſa préſence.

Ah ! Berger, pendant ſon abſence,

Tu peux ſur ton Hautbois célébrer tes plaiſirs :

Ma Muſette ne peut chanter que mes déſirs.

L y c i d a s.

Quel Heros, dans ces Bocages,

Unit la joye au repos ?

Muſes, ſecondez nos hommages.

Prêtez-nous vos chants les plus beaux.

Philoméle, dans vos ramages,

Avec moi dites aux Echos :

Quel Héros, dans ces Bocages,

Unit la joye au repos ?

DAPHNIS.

Ah ! qu'il en coute d'atendre,

Quand on atend un grand bien !

Hélas ! fur le cœur le plus tendre,

Les plus beaux chants ne peuvent rien.

Echos, ceffez de les entendre,

Et ne répetez que le mien :

Ah ! qu'il en coute d'atendre,

Quand on atend un grand bien !

LYCIDAS.

Que l'aimable Abondance

Fait briller de Jeux !

DAPHNIS.

Qu'une longue abfence

Fait naître de Vœux !

LYCIDAS.

La brillante Flore

Jamais fit-elle éclorre

Plus d'attraits aux yeux des Zéphirs ?

DAPHNIS.

Touchez de fes graces,

Les Zéphirs, fur fes traces,

Font-ils voler plus de foupirs ?

LYCIDAS.

Chaque jour nous voyons croître
Les Ris toujours plus charmans.
Nos jours semblent disparoître
Plus légers que les momens.

DAPHNIS.

Chaque moment me rapelle
Le seul bonheur que j'atens.
L'atente toujours nouvelle
Change en siécles mes instans.

LYCIDAS.

Dans cet Azile

Tout est tranquile.

De nos Hameaux

Ont fui les maux.

La triste Plainte,

La pâle Crainte

N'y troublent pas

Les doux éclats

De l'Allégresse.

Mille douceurs

Au choix des cœurs

S'offrent sans cesse.

B

Ah ! qui voit tant

De plaifirs naître,

S'il n'eft content,

Le peut-il être ?

DAPHNIS.

Un grand Defir

Fuit le Plaifir.

En vain tout flate,

Et tout éclate.

Trop vains apas !

Dans fes allarmes,

Les plus doux charmes

N'impofent pas

A fa tendreffe.

Le trifte cœur

Vers fon bonheur

Revient fans ceffe.

Hélas ! fentant

Son defir croître,

S'il eft content,

Le doit-il être ?

LYCIDAS.

BEAUVILLIERS, de ces lieux, régle & fait le Deſtin.

Ah ! tous ces biens doivent-ils nous ſurprendre ?

DAPHNIS.

Je L'atens ce Héros ; & je L'atens en vain.

Ma peine, hélas ! peut-elle ſe comprendre ?

LYCIDAS.

Il prévient en tout nos ſouhaits.

Tout nous dit combien il nous aime.

DAPHNIS.

Ah ! je céde tous ſes bienfaits

Au charme de Le voir Lui-même.

LYCIDAS.

Vivez, Auteur de nos plaiſirs.

DAPHNIS.

Venez, Objet de nos deſirs.

Enſemble

Notre ame contente,

La ſera toujours.

Et la Paix conſtante

Filera nos jours.

La Joye éclatante

Comblera nos vœux.

Les Ris & les Jeux

Suivront notre atente.

D A P H N I S.

Venez donc, Ah! venez, Objet de nos defirs.

L Y C I D A S.

Vivez donc, Ah! vivez, Auteur de nos plaifirs.

D A P H N I S.

Finiffons. Thyrfis vient. Alcidor l'accompagne.

SCENE SECONDE.

LYCIDAS, DAPHNIS, THYRSIS, ALCIDOR.

T H Y R S I S.

QUE vos chants ont d'atraits! les Fleurs dans la Campagne,

La verdure en nos Bois, les Zéphirs dans les Airs,

Bergers, me plaifent moins que vos charmans Concerts.

Nos Troupeaux, qui cherchoient de nouveaux pâturages,

M'ont, avec Alcidor, conduit fous ces ombrages.

Hûreux hazard! d'abord j'ai reconnu vos fons.

Ravis de vos combats, la peur de vous diftraire,

Nous a fait en filence écouter vos chanfons.

L'on fe fait écouter, Bergers, quand on fçait plaire.

ALCIDOR.

Le Nom de BEAUVILLIERS, mêlé dans vos accens,

Leur prêtoit sur les cœurs des charmes bien puissans.

A cet illustre Nom la Loüange asservie,

En emprunte sa gloire, & plaît même à l'Envie.

THYRSIS.

Que j'aimois, tour à tour, à vous oüir tous deux

Exprimer dans vos Vers nos plaisirs & nos vœux !

Nos tendres sentimens se peignoient dans les vôtres.

Tel, disois-je, est mon cœur : tels je vois tous les autres.

ALCIDOR.

De vos tendres accords je reconnois le prix.

Je l'avoüerai pourtant : N'en soyez pas surpris.

Ils ne sont à mon gré, que de foibles images

De l'amour, des souhaits, du respect, des hommages

Dûs au noble Mortel qui fait notre bonheur.

Autant que du Soleil les feux & la grandeur

Surpassent en effet cette image infidéle,

Qu'en tracent ses rayons dans une Eau vive & belle ;

Autant, & plus encor, mes sentimens divers,

Plus grands que vos efforts, l'emportent sur vos Vers.

THYRSIS.

Vallons chéris des Cieux ! ô Rives fortunées !

C

Pouviez-vous dans vos pleurs prévoir vos deftinées ?

Lorfque B o u r b o n quita le terreftre féjour,

(Mon cœur frémit encor de ce malhûreux jour :)

Hélas ! quel dëüil affreux défoloit nos Campagnes !

Pan brifa fon Hautbois. Flore vit fes Compagnes,

Négligeant leurs atraits, partager fa langueur.

Et Céres des Deftins accufa la rigueur.

Combien nos triftes yeux répandirent de larmes !

Vous le fçavez ; combien de regrets & d'allarmes !

O Dieu ! notre bonheur fous ce Prince afturé,

Avec ce Prince enfin fembloit être expiré.

Qui m'eût dit qu'un Mortel feroit par fa prudence

Renaître dans nos champs la Joye & l'Abondance ;

Que fa bonté, fes foins, dans nos Vallons furpris,

Rapelleroient un jour les Plaifirs & les Ris ?

De ces biens, que je vois, la riante peinture

N'eût à mes fens paru qu'une aimable impofture.

A L C I D O R.

Ah ! dès que B e a u v i l l i e r s, à nos vœux accordé,

Fut nommé dans ces lieux Succefteur de C o n d e' ;

Ce choix feul raffura la Province éperduë.

Et de notre bonheur je prévis l'étenduë.

J'annonçai que nos jours, au gré de nos defirs,

Alloient être filez par la main des Plaisirs.

L'effet en est présent. Et cet illustre Guide,

Sçait après un BOURBON ne laisser aucun vuide.

Son Nom de ses succès m'étoit un sûr garant.

Bergers, que ce Héros doit nous paroître grand !

Succéder aux CONDEZ, c'est une gloire insigne.

Il est encor plus beau d'en être vraiment digne.

THYRSIS.

On sçait que BEAUVILLIERS voit parmi ses Ayeux

Ce qu'offre de plus grand la Noblesse à nos yeux.

Nos Ennemis diront la valeur de son Pere.

L'Espagne tous les jours aplaudit à son Frere.

L'un protégeoit les Arts qu'il pouvoit enseigner ;

L'autre a formé des Rois au grand Art de regner.

Sa Famille remplit les fastes de Mémoire.

Et cependant, Bergers, c'est-là sa moindre gloire.

ALCIDOR.

Héritier de leurs Noms, il l'est de leurs Vertus.

Il reléve l'éclat dont ils sont revêtus.

Il ne croit point avoir, dans leur haute Noblesse,

Un titre qui du cœur excuse une foiblesse.

Chez Lui vit-on jamais ces vices differens,

Qui font, hélas ! trembler à l'aproche des Grands ?

Les cœurs qu'il fçait gagner, les vertus qu'il protége,

Suivent par tout fes pas & forment fon Cortége.

T H Y R S I S.

Chacun peut lui parler fans crainte d'un afront,

Il rend aimable même un refus néceffaire.

L'indigent trifte va lui montrer fa mifére ;

Il en revient la gayeté fur le front.

A L C I D O R.

Tendre, humain, généreux, il croit que fa puiffance

Se doit au bonheur des Mortels.

T H Y R S I S.

A fes Rois, à fon Dieu fa promte obéiffance

En fait l'amour du Trône & des Autels.

A L C I D O R.

De 'fa bonté, de fa magnificence

Ah ! qui pouroit nous dire tous les traits ?

T H Y R S I S,

Comment peut-il, Ami de l'Innocence,

En faire à la Cour même adorer les atraits ?

Dans ce féjour de Feinte & de Licence,

Toujours fincére, on Le voit tel qu'il eft,

Et fa vertu frape, ébloüit, & plaît.

ALCIDOR.

Chaque jour, ô Bergers, ses soins & sa tendresse

Feront dans nos Hameaux renaître l'Allégresse.

THYRSIS.

Un tel Ministre aux Rois est un présent des Cieux ;

Et des Rois, aux Sujets, c'est le plus précieux.

ALCIDOR.

Le passé garantit les plus charmans présages.

La Déesse de nos Bocages

Vient sans doute animer nos Jeux.

SCENE TROISIÈME.

LA BOURGOGNE, *& les mêmes Bergers.*

LA BOURGOGNE.

Bergers, rien ne manque à vos vœux

Que l'aimable présence

Du Mortel qui vous rend hûreux.

Secondez mon impatience.

Daigne le Ciel exaucer mes desirs.

Ah ! sa faveur comblera vos plaisirs.

B

C'eſt trop languir dans une incertitude

Qui rend ma peine égale au bonheur que j'atens.

Le retour, les atraits de Flore & du Printems

Ne calment point ma triſte inquiétude.

En vain, tendres Oiſeaux,

Vous faites dans ces Bois retentir vos ramages.

En vain, petits Ruiſſeaux,

Vous flatez ces riants Bocages

Du doux murmure de vos eaux.

Céres même en nos champs, Bacchus ſur nos Côteaux,

Me font en vain les plus belles promeſſes.

Je ne ſens & ne vois ni plaiſirs ni richeſſes.

BEAUVILLIERS ne vient point. Cruels retardemens !

Un cœur dans ſes deſirs a-t-il d'hûreux momens,

Juſqu'au tems où paroît l'Objet de ſon atente ?

Ah ! qu'il paroiſſe ; & mon ame eſt contente ?

Ciel ! écoute mes vœux. J'implore ton ſecours.

Qu'il paroiſſe, avec Lui reviendront mes beaux jours.

On entend une Symphonie.

Qu'entens-je ? quel eſpoir dans mon cœur vient de naître !

Quels concerts ! quels bruyants éclats !

J'aperçois en ces lieux Phœbus, Mars, & Pallas.

Ah ! mes vœux ſont remplis. BEAUVILLIERS va paroître.

SCENE QUATRIÉME.

A POLLON, MARS, MINERVE, & *les mêmes.*

A POLLON, MARS, MINERVE *ensemble.*

P ROVINCE fortunée, arrêtez vos soupirs.
Le Ciel enfin se rend à vos desirs.

> Chantez, Bergers, sur vos Musettes,
> Le Héros qui fait vos loisirs.
> Sa présence dans ces retraites
> En fait le séjour des Plaisirs.

> *Les Bergers ensemble.*

> Chantons, chantons sur nos Musettes
> Le Héros qui fait nos loisirs.
> Sa présence dans ces retraites,
> En fait le séjour des Plaisirs.

A POLLON, MARS, MINERVE *ensemble.*

> Il chérit vos riants Bocages ;
> Il leur consacre son repos.
> Rendez-lui de tendres hommages.
> Tous les cœurs seront vos échos.

Les Bergers ensemble.

Chantons, chantons fur nos Mufettes

Le Héros qui fait nos loifirs,

Sa préfence dans ces retraites,

En fait le féjour des Plaifirs.

APOLLON.

Chantez qu'il eft la Gloire

Et l'Amour des beaux Arts.

MARS.

Chantez que la Victoire

L'admire au milieu des hazards.

MINERVE.

Chantez le brillant affemblage

De fes rares Vertus.

Enfemble.

Ah ! quoique votre amour dife à fon avantage ;

La France & la Juftice en diront encor plus.

APOLLON.

Doctes Sœurs, qui dès fa Jeuneffe

Etes l'objet de fa tendreffe,

Qu'il aime vos divins Concerts !

Qu'il eft digne des plus beaux Airs

Qu'un jufte retour vous infpire !

Ses dons ont paſſé vos ſouhaits.

Plus on eſt grand dans votre Empire,

Plus on reçoit de ſes bienfaits.

M A R S.

Combien de fois les armes

Ont ſignalé ſon bras !

Il trouvoit des apas

Dans mes vives allarmes.

D'un œil indifferent

Il brave la mort même.

Le danger eſt extrême.

Mais ſon cœur eſt plus grand.

M I N E R V E.

Que rarement on voit briller enſemble

Des plus belles Vertus les differens atraits !

Mais ce Mortel dans ſon cœur les raſſemble,

Et dans ſa vie en montre tous les traits.

Il en aime la peine ; il n'en craint que la gloire.

Et dans leur Héroïſme on aprend ſon Hiſtoire.

A P O L L O N.

Du vrai, du ſublime & du beau,

Qu'il connoît bien le charme & l'origine !

La Critique ſolide & fine

Chez tous les Arts lui prête ſon flambeau.

E

Dans ces Temples, * où la Science

Fait avec la Noblesse une aimable alliance,

On l'apelle, on l'invite, on l'écoute par tout.

Et son avis est l'Oracle du Goût.

MARS.

Quelle constance! quel courage!

Le fer, le feu, l'airain redoublent leurs horreurs.

Il vole au plus fort de l'orage.

Des Ennemis il afronte la rage.

Dans lui des BEAUVILLIERS on revoit les grands cœurs.

Et sa bravoure étonne les Vainqueurs.

MINERVE.

Dans les affaires son adresse

De chaque événement semble être la maîtresse.

La Sagesse a brillé dans ses premiers essais.

Deux fois * les interêts & l'honneur de la France

Sont confiez à sa prudence.

Il part, & tous les cœurs répondent du succès.

Et le succès toujours a passé l'espérance.

APOLLON.

Quel art dans ses discours! quel feu! quel agrément!

De ses Ayeux en tout il suit les traces.

Il parle au nom des Rois, * il fait l'étonnement

De l'Esprit & des Graces.

Et ses écrits sont pleins de si beaux traits ,

Que je voudrois les avoir faits.

MARS.

Sa valeur sublime & constante ,

A mérité tous les honneurs guerriers.

De son cœur intrépide une marque éclatante *

Décore mieux son front que les plus beaux lauriers.

Et son Nom doit briller au Temple de Mémoire ,

Autant que des François y doit vivre l'Histoire.

MINERVE.

Le Tibre & le Tage

Lui rendent hommage.

Ici redouté ,

Et là respecté ,

Sur l'un & sur l'autre rivage ,

Il charme les esprits , étonne les plus fins ,

Gagne les cœurs & parvient à ses fins.

APOLLON.

Son esprit ,

MARS.

Son grand cœur ,

* L'année 1714. il fut nommé par le Roi, pour complimenter la Reine d'Espagne à son passage en France.

* Il reçut une grande blessure d'un coup de sabre sur la tête, à la Bataille de Mal Plaquet.

MINERVE.

Ses vertus,

Ensemble.

Son mérite,

Tout vous promet le plus conſtant bonheur.

Dans vos plaiſirs tout vous invite

A chanter leur aimable Auteur.

Les Bergers enſemb'e.

Chantons, chantons ſur nos Muſettes

Le Héros qui fait nos loiſirs.

Sa préſence dans ces retraites,

En fait le ſéjour des Plaiſirs.

LA BOURGOGNE.

Eclatez, Tambours, & Trompettes ;

Joignez vos ſons bruyants aux doux ſons des Muſettes.

Par les plus vifs & les plus doux accords

A BEAUVILLIERS peignez notre tendreſſe.

Ah ! tout doit partager, ou marquer les tranſports

De notre juſte & brillante Allégreſſe.

EPILOGUE.

ATIS.   ORONTE.

ATIS.

DEPUIS que BEAUVILLIERS a paru dans ces lieux,

Qu'ils offrent d'agrémens & d'éclat à mes yeux !

Que j'aime leurs atraits ! Ah ! déformais fans peine

Je fuivrai le devoir qui tous les jours m'y meine.

Mon cœur s'y promet des plaifirs

Plus charmants que les jeux de nos plus doux loifirs.

ORONTE.

Les goûts font différens. J'y pafferois ma vie,

Si BEAUVILLIERS devoit y demeurer toûjours ;

Mille charmes nouveaux y rempliroient mes jours.

Mais fa préfence, helas ! va nous être ravie.

Que deviendront alors ces atraits d'aujourd'hui ?

La joye extrême à l'inftant eft fuivie

Du trifte & languiffant ennui.

J'en frémis, & je crains d'en être la victime.

ATIS.

C'eft une raifon légitime

De foupirer après la liberté.

F

Cette aimable Divinité

Pourra de vôtre cœur adoucir la contrainte.

Helas ! que BEAUVILLIERS aprenne ce souhait ;

Ses faveurs aussi-tôt calmeront votre crainte.

Un bien qu'il voit à faire est un bien d'abord fait.

ORONTE.

Ce grand cœur né pour la défense

Et pour l'honneur du nom François,

Daignera-t-il donner accès

Aux vœux frivoles de l'enfance ?

ATIS.

Aisé, facile, humain, sans hauteur, sans fierté,

S'il dédaignoit vos vœux, il se croiroit blamable.

Ami des Cœurs, sa grandeur est aimable ;

Vous la prendrez pour la Bonté.

ORONTE.

Aux travaux les plus grands rien n'a pû le souftraire.

Comment en esperer la grace que je veux ?

Si sa tendresse est sensible à mes vœux,

Son exemple du moins leur sera bien contraire.

ATIS.

Ah ! son exemple est bon pour les Héros.

Un Héros même est-il toujours avec les Muses ?

Phœbus lui-même a gouté le repos.

Vôtre befoin d'ailleurs fait vos excufes.

O R O N T E.

Ofons. De lui parler j'aurai du moins l'honneur.

Puiffe un mot de fa bouche acomplir mon bonheur !

Héros aimé des Peuples & du Prince ,

Sur vos Vertus , la Cour & la Province

De la Louange ont pris toujours le ton.

Toutes également paroiffent admirables.

Mais il en eft une , dit-on ,

Qui rend les autres adorables.

C'eft la Vertu de ces Cœurs généreux

Qui ne font pas contents , s'ils ne font des hûreux.

C'eft Elle qui conduit les Amours fur vos traces.

L'art divin de faire des graces

Prend chez vous un nouvel atrait.

Ah pourrions-nous en voir un trait !

Nôtre envie en eft grande. Et ce qui l'a fait naître

C'eft l'ardeur de loüer avec plus de fuccès

Cette noble bonté dans nos premiers eflais.

Pour la bien célébrer , il faut la bien connoître.